Obst- und Gemüsenudeln

Text, Fotografien und Design:
Zoé Armbruster

Bassermann

Inhalt

Der Spiralschneider

Da ich immer auf der Suche nach kreativen gesunden Ernährungsmöglichkeiten bin, wurde ich sofort auf den Spiralschneider aufmerksam. Mit diesem fantastischen kleinen Küchenhelfer lassen sich Gemüse quasi im Handumdrehen in spaghettiartige Bänder und Streifen schneiden und frische, ausgewogene Mahlzeiten zubereiten.

Die innovativen Rezepte in diesem Buch bieten viel Genuss und sind gesund. Die kalorienarmen Spaghetti aus Gemüse und Früchten sind eine Wohltat für Ihren Organismus: Die vielen guten Mineralien, Vitamine und sekundären Pflanzenstoffe fördern die Verdauung, stärken das Immunsystem und sorgen für mehr Vitalität, Energie und Wohlbefinden. So sieht abwechslungsreiche, leckere und gesunde Ernährung von heute aus!

Früchte und Gemüse sind elementare Bestandteile einer vollwertigen Ernährung und unverzichtbar für einen gesunden Stoffwechsel. Mit diesem originellen Küchenhelfer lassen sich Obst und Gemüse spielend einfach und unauffällig in jede Mahlzeit integrieren, ohne nach Gemüse auszusehen – ideal also auch für Kinder, die nicht gerne Gemüse essen.

Wenn Sie noch keinen Spiralschneider besitzen, können Sie alternativ Obst und Gemüse auch mit einer Allzweckreibe mit Stift- bzw. Julienneeinsatz in Längsrichtung in feine Streifen schneiden. Und wenn Sie auch keine Reibe bzw. Hobel besitzen, ist ein scharfes Messer, mit dem das Gemüse erst in feine Längsscheiben und dann in feine Streifen geschnitten wird, eine Möglichkeit.

Von länglichen Gemüsesorten lassen sich mit einem Sparschäler Bänder abnehmen, die nach dem Schneiden längs halbiert werden.

Zoé Armbruster

Salat aus roter Bete
und Blutorangen

Für 4 Personen · Vorbereitungszeit 20 Min. · Garzeit 10 Min. · Ruhezeit 5 Min. · Schwierigkeitsgrad ★★
Kosten € · Utensilien: Spiralschneider (Alternativen siehe Tipp unten)

Die Zutaten

rote Bete 1
gelbe Bete 2
Olivenöl ....3 TL
Blutorangen.. 2
Orangen.. 2
Zitronensaft .... 1 EL
Limettensaft .... 1 EL
rote Zwiebel.. ¼
Kerbel.............................. einige Blätter
Salz, Pfeffer

Das Rezept

1. Den Backofen auf 180 °C vorheizen. Die Bete schälen und mit dem Spiralschneider in Spiralen schneiden. Mit 1 Teelöffel Olivenöl beträufeln und salzen. Etwa 10 Minuten im vorgeheizten Ofen backen.

2. Die Orangen großzügig schälen. Je 1 Blut- und eine normale Orange in Scheiben schneiden. Die anderen beiden Orangen filetieren. Den Saft aus den Resten der filetierten Orangen in eine Schale pressen. Den Zitronen- und Limettensaft zufügen.

3. Die Orangenscheiben und -filets unter die Bete-spiralen mischen. Die Zwiebel in feine Streifen schneiden und ebenfalls unterheben.

4. Den Salat mit dem Zitrussaft und dem restlichen Olivenöl beträufeln. Salzen und pfeffern. Den Salat 5 Minuten ziehen lassen, dann mit Kerbelblättern garnieren und sofort servieren.

Tipp

Ist kein Spiralschneider vorhanden, lassen sich Zucchini, Gurken, Karotten, Rüben usw. mit einem Hobel/einer Mandoline auf der kleinsten Einstellung oder alternativ mit einem Sparschäler oder einem sehr scharfen Messer (und ein wenig Geduld) der Länge nach in feine Bänder schneiden. Dann die Bänder aufeinanderlegen und längs in feine spaghettiartige Streifen schneiden.

Gurkensalat mit
Garnelen und Mango

Für 4 Personen · Vorbereitungszeit 15 Min. · Schwierigkeitsgrad ★ · Kosten €€
Utensilien: Spiralschneider

Die Zutaten

Gurken 2
Zwiebel .... ½
Mango 1
Zitrone 1
gegarte, ausgelöste Garnelen 16
Dill .... einige Stängel
Olivenöl
Pfeffer, Meersalz

Das Rezept

1. Die Gurken in Spiralen und die Reste in feine Scheiben schneiden. Die Zwiebel abziehen und in sehr feine Ringe schneiden. Die Mango schälen und in Scheiben vom Kern schneiden. Dann in feine Längsstreifen teilen. Die Zitronenschale in feinen, dünnen Streifen abschälen und den Saft auspressen.

2. Die Garnelen in einer Schüssel mit Gurken, Zwiebel und Mango vermengen. Die Dillspitzen von den Stängeln zupfen. Den Salat mit Olivenöl und Zitronensaft beträufeln. Salzen und pfeffern. Mit Dill und Zitronenschale garnieren.

Kartoffelpuffer
mit Räucherlachs

Ergibt 6 Stück · Vorbereitungszeit 20 Min. · Garzeit etwa 10 Min. pro Puffer
Schwierigkeitsgrad ★ · Kosten €€ · Utensilien: Spiralschneider

Die Zutaten

mittelgroße Kartoffeln 6
rote Zwiebel .... ½
Ei 1
Weizenmehl .... 3 EL
Räucherlachs .... 150 g
Crème fraîche .... 6 EL
Dill .... einige Stängel
Pflanzenöl zum Braten
Salz, Pfeffer

Das Rezept

1. Die Kartoffeln schälen und in Spiralen schneiden. Die Zwiebel abziehen und in sehr feine Ringe schneiden. Das Ei in einer großen Schüssel verquirlen. Kartoffeln, Zwiebel und Mehl untermischen. Salzen und pfeffern.

2. In einer Pfanne 3 Esslöffel Öl erhitzen. 1 Esslöffel Kartoffelmischung hineingeben, mit einem Pfannenwender leicht andrücken und 5 Minuten von jeder Seite gar braten.

3. Den Puffer auf Küchenpapier heben. Mit der restlichen Kartoffelmasse ebenso verfahren, dabei jedes Mal 1 Esslöffel Öl in der Pfanne erhitzen.

4. Die Kartoffelpuffer auf Teller heben und je eine Scheibe Räucherlachs und einen Esslöffel Crème fraîche darauf anrichten. Mit Dillspitzen garnieren. Salzen, pfeffern und sofort servieren.

Tipp

Zu diesen Kartoffelpuffern schmeckt ein kleiner Rucolasalat ganz ausgezeichnet.

Asiatischer Gurkensalat
mit Sojabohnen und Ingwerdressing

Für 4 Personen · Vorbereitungszeit 10 Min. · Garzeit 10 Min. · Schwierigkeitsgrad ★ · Kosten €
Utensilien: Spiralschneider

Die Zutaten

Für das Dressing

Zitrone 1
Olivenöl .... 4 EL
Sesamöl .... 2 EL
Sojasauce......................................2 TL
geriebener Ingwer ....1 TL
Chiliflocken
Pfeffer

Für den Salat

Frühlingszwiebeln 2
Gurken 2
Minze .... einige Blätter
Sojabohnenkerne (Edamame,
TK-Ware aufgetaut aus dem
Asia-Shop) .... 150 g
Sesamsaat .... 3 EL
Olivenöl

Das Rezept

1. Für das Dressing die Zitrone auspressen und den Saft mit den restlichen Zutaten in einer Schale verrühren.

2. Für den Salat die Frühlingszwiebeln klein schneiden. Die Gurken schälen und in Spiralen schneiden. Die Minze hacken.

3. Einen Schuss Olivenöl in einer Pfanne erhitzen und die Sojabohnen darin einige Minuten andünsten, bis sie weich sind.

4. Die Gurken mit Frühlingszwiebeln, Sojabohnen und Minze in einer Schüssel vermengen. Das Dressing darübergeben und nochmals vermengen. Mit dem Sesam bestreuen und sofort servieren.

Variante

Sie können die Sesamsaat nach Belieben durch Gomasio (Sesamsalz) ersetzen.

Krautsalat
mit Apfel

Für 4 Personen · Vorbereitungszeit 10 Min. · Schwierigkeitsgrad ★ · Kosten €
Utensilien: Spiralschneider

Die Zutaten

Für das Dressing

Zitrone	½
Olivenöl	2 EL
Honig	1 EL
Chiasamen	1 EL

Für den Salat

Äpfel (Granny Smith)	2
Weißkohl	½
Rotkohl	½
Pistazienkerne	30 g
Salz, Pfeffer	

Das Rezept

1. Für das Dressing die Zitrone auspressen und den Saft in einer Schale mit Öl, Honig und Chiasamen verrühren.

2. Für den Salat die Äpfel in Spiralen schneiden. Weiß- und Rotkohl fein hobeln. Die Pistazienkerne grob hacken.

3. Kohl und Äpfel in einer Schüssel mit den Pistazienkernen mischen. Mit dem Dressing überziehen und gut vermengen. Vor dem Servieren mit Salz und Pfeffer abschmecken.

Frühlingsrollen mit
Shiitake, Kräutern und Mangosauce

Ergibt 8 Stück · Vorbereitungszeit 25 Min. · Garzeit 5 Min. · Schwierigkeitsgrad ★★★ · Kosten €€
Utensilien: Spiralschneider, Mixer

Die Zutaten

spaghettidünne
Reisnudeln (Asia-Shop) .... 60 g
Karotte 1
Mairübchen 2
Shiitakepilze .... 70 g
Reisblätter (Asia-Shop) 8
Minze .... 1 Bund
Thai-Basilikum .... 1 Bund
Sesamsaat

Für die Sauce

Mango 1
Bio-Limette .... ½
Minzeblätter 5

Das Rezept

1. Die Reisnudeln in eine Schüssel geben, mit kochendem Salzwasser überbrühen und 5 Minuten stehen lassen. Das Wasser abgießen und die Nudeln abtropfen lassen.

2. Die Karotte schälen. Die Rübchen waschen. Das Gemüse in feine Spiralen schneiden. Die Pilze in feine Streifen schneiden.

3. Eine große Schüssel mit kaltem Wasser füllen und die Reisblätter nacheinander etwa 10 Sekunden darin einweichen, bis sie biegsam werden. Auf einem sauberen Tuch ausbreiten.

4. Die Reisblätter mit einigen Minze- und Basilikumblättern belegen. Die Reisnudeln darauf verteilen. Dann mit Pilzstreifen, Karotten- und Rübchenspiralen belegen. Mit Sesam bestreuen. Die Reisblätter seitlich einschlagen und fest aufrollen.

5. Für die Sauce die Mango schälen und das Fruchtfleisch vom Kern schneiden. Die Limette auspressen und die Schale fein abreiben. Mango, Limettensaft- und schale mit den Minzeblättern im Mixer glatt pürieren.

6. Die Mangosauce in eine Schale füllen und zu den Frühlingsrollen reichen.

Quinoa-Gurken-Salat
zum Mitnehmen

Für 1 Glas · Vorbereitungszeit 20 Min. · Garzeit 15 Min. · Schwierigkeitsgrad ★ · Kosten €
Utensilien: Spiralschneider, großes Schraubglas, Mixer

Die Zutaten

Zucchini...................................... 1
Quinoa..................................... 40 g
Grünkohl........................... einige Blätter
Feta.. 30 g
Salz, Pfeffer

Für das Dressing
Avocado .... ½
Limette .... ½
Kokos- oder Mandelmilch .... 2 EL

Hinweis

Es ist wichtig, dass das Dressing zuerst ins Glas
gefüllt wird, damit die anderen Zutaten schön
knackig bleiben.

Das Rezept

1. Die Zucchini in Spiralen schneiden. Die Quinoa abspülen und mit einer Prise Salz in einen Topf geben. Knapp die doppelte Volumenmenge Wasser zugießen und zum Kochen bringen, dann die Hitze auf niedrige Stufe reduzieren und bei aufgesetztem Deckel etwa 15 Minuten garen, bis das Wasser aufgesogen ist. Den Herd ausschalten und die Quinoa weitere 10 Minuten bei geschlossenem Deckel quellen lassen.

2. Für das Dressing die Avocado halbieren, entkernen und das Fruchtfleisch aus der Schale lösen. Die Limette auspressen. Avocado, Kokos- oder Mandelmilch und Limettensaft im Mixer glatt pürieren und mit Salz und Pfeffer abschmecken.

3. Den Grünkohl putzen und in mundgerechte Stücke teilen. Das Dressing ins Schraubglas füllen. Dann Zucchinispiralen, Quinoa und Grünkohl daraufschichten. Den Feta würfeln und auf den Grünkohl geben. Das Glas gut schließen.

Kabeljau
mit Kurkuma-Rettichspiralen

Für 4 Personen · Vorbereitungszeit 25 Min. · Garzeit 30 Min. · Schwierigkeitsgrad ★ · Kosten €€€
Utensilien: Spiralenschneider, Topf mit Dämpfeinsatz

Die Zutaten

Rettiche..2
Knoblauch ....2 Zehen
Schalotten 2
Olivenöl .... 4 EL
Kurkuma...1 TL
Kokosöl .... 4 EL
Kabeljaufilets 4
Zitronen..2
Oregano........................... einige Zweige
Salz, Pfeffer

Das Rezept

1. Die Rettiche schälen und in Spiralen schneiden, dann etwa 10 Minuten dampfgaren.

2. Den Backofengrill vorheizen. Knoblauch und Schalotten abziehen und hacken. Mit Rettichspiralen, Olivenöl und Kurkuma vermengen. Salzen und pfeffern. Unter dem heißen Grill etwa 15 Minuten garen.

3. Das Kokosöl in einer Pfanne erhitzen und die Kabeljaufilets darin etwa 4 Minuten von jeder Seite braten. Salzen und pfeffern. Inzwischen die Zitronen auspressen. Die Fischfilets aus der Pfanne nehmen. Den Zitronensaft in die Pfanne gießen und 1 Minute erhitzen. Dabei ständig rühren, um den Bratensaft vom Pfannenboden zu lösen.

4. Die Fischfilets in mundgerechte Portionen teilen und unter die Rettichspiralen heben. Mit dem Bratensaft beträufeln und mit einigen Oreganoblättern garnieren. Sofort servieren.

Risotto
mit roter Bete

Für 4 Personen · Vorbereitungszeit 20 Min. · Garzeit 30 Min. · Schwierigkeitsgrad ★ · Kosten €
Utensilien: Spiralschneider

Die Zutaten

rote Bete	2
rote Zwiebel	1
zerlassene Butter	4 EL
Olivenöl	4 EL
Arborioreis oder anderer Risottoreis	350 g
Weißwein	250 ml
Brühe	1,5 l
frisch geriebener Parmesan	80 g

Das Rezept

1. Die rote Bete schälen und in Spiralen schneiden. Die Zwiebel abziehen und fein hacken.

2. Die Butter mit dem Öl in einem Topf erhitzen. Die Zwiebel darin etwa 6 Minuten dünsten. Den Reis zufügen und 2 Minuten rühren, bis er glasig ist.

3. Die Betespiralen unter den Reis mischen und etwa 1 Minute mitgaren. Den Wein angießen und verkochen lassen. Dann eine Kelle Brühe zufügen und rühren, bis sie vom Reis aufgesogen ist. Auf diese Weise weiterverfahren, bis die Brühe aufgebraucht ist und der Reis bissfest ist (etwa 20 Minuten).

4. Den Risotto mit dem Parmesan bestreuen und den Käse 2 Minuten schmelzen lassen, dann unterheben und das Risotto sofort servieren.

Hähnchenspieße
mit Erdnuss-Ingwer-Sauce auf Karottenspiralen

Für 4 Personen · Vorbereitungszeit 25 Min. · Ziehzeit 1 h · Garzeit 20 Min. · Schwierigkeitsgrad ★
Kosten €€ · Utensilien: Spiralschneider, Holzspieße, Ofenrost, Mixer, Frischhaltefolie, Topf mit Dämpfeinsatz

Die Zutaten

Hähnchenbrustfilet ....900 g
Knoblauchzehen 2
frischer Ingwer...............................50 g
Kokosmilch..................................300 ml
Kurkuma..1 TL
Erdnussbutter oder Mandelmus....... 3 EL
geröstete Erdnüsse ....100 g
Karotten (weiß oder orange)..............10

Das Rezept

1. Das Fleisch in gleich große Würfel schneiden und in eine flache Form geben. Für die Marinade den Knoblauch abziehen und hacken. Den Ingwer schälen und reiben. Knoblauch und Ingwer mit Kokosmilch, Kurkuma und Erdnussbutter in einer Schale glatt rühren. Die Fleischwürfel mit der Marinade überziehen und mit Frischhaltefolie abgedeckt 1 h im Kühlschrank marinieren.

2. Die Erdnüsse grob hacken. Den Backofengrill vorheizen. Die Fleischwürfel abtropfen lassen, auf Holzspieße stecken, auf den Ofenrost legen und unter dem heißen Grill 10 Minuten unter regelmäßigem Wenden grillen.

3. Die Karotten schälen, in Spiralen schneiden und 10 Minuten dampfgaren.

4. Die Marinade in einen kleinen Topf füllen und erhitzen. Dann im Mixer glatt und cremig pürieren. Wenn die Sauce zu dickflüssig ist, mit etwas Wasser strecken.

5. Die Karottenspiralen auf Tellern verteilen und die Hähnchenspieße darauf anrichten. Mit der Sauce überziehen und mit den Erdnüssen garnieren. Sofort servieren.

Zucchini und Spargel
alla Carbonara

Für 4 Personen · Vorbereitungszeit 15 Min. · Garzeit 15 Min. · Schwierigkeitsgrad ★ · Kosten €
Utensilien: Spiralschneider

Die Zutaten

kleine Zucchini 10
grüner Spargel .... 500 g
Räucherspeck .... 6 dünne Scheiben
Eier 2
Eigelb 2
frisch geriebener Parmesan .... 100 g
Olivenöl
Salz, frisch gemahlener Pfeffer

Das Rezept

1. Die Zucchini in Spiralen schneiden. Die Spargelstangen dritteln. Den Räucherspeck klein schneiden und in einer Pfanne mit einem Schuss Olivenöl anbräunen. Den Speck mit einem Schaumlöffel in eine Schüssel füllen. Das restliche Öl in der Pfanne mit Pfeffer würzen, den Spargel mit einer Prise Salz hineingeben und etwa 5 Minuten knackig braten.

2. Inzwischen Eier, Eigelbe und Parmesan zum Speck geben und sorgfältig verquirlen. Den Spargel zufügen und 15 Sekunden rühren, damit der Käse etwas schmilzt.

3. Einen weiteren Schuss Öl in der Pfanne erhitzen und die Zucchini darin mit 3 Esslöffeln Wasser 5–7 Minuten dünsten.

4. Die Zucchini in die Eiermasse geben und sorgfältig vermengen. Sofort servieren.

Japanische Suppe
mit Rettich

Für 4 Personen · Vorbereitungszeit 25 Min. · Garzeit 25 Min. · Schwierigkeitsgrad ★★ · Kosten €€
Utensilien: Spiralschneider

Die Zutaten

Eier..4
kleiner Rettich (weiß oder rot).............1
Frühlingszwiebeln 4
Sesamöl ....1 EL
frisch geriebener Ingwer...................2 TL
Spinat ....450 g
sehr kleine Shiitakepilze...............170 g
Zuckererbsen ....150 g
Brühe ....1,5 l
Limette...½
Sojasauce.....................................1 EL
Reisessig.......................................1 EL
Sesamsaat
Salz, Pfeffer

Das Rezept

1. Die Eier in einem kleinen Topf mit Wasser bedecken und zum Kochen bringen. Den Topf vom Herd nehmen und die Eier darin 10 Minuten abkühlen lassen. Dann unter fließend kaltem Wasser abschrecken, schälen und halbieren.

2. Den Rettich schälen und in Spiralen schneiden. Die Frühlingszwiebeln fein hacken. Das Sesamöl in einem großen Topf erhitzen. Ingwer und die Hälfte der Frühlingszwiebeln darin 1 Minute andünsten. Spinat, Shiitakepilze und Zuckererbsen zufügen. Salzen und pfeffern. Die Brühe zugießen und zum Kochen bringen. Die Limette auspressen und den Saft mit Rettichspiralen, Sojasauce und Reisessig in die Brühe geben und 5 Minuten köcheln lassen.

3. Die Suppe in Schalen füllen, die Eierhälften hineingeben. Mit den restlichen Frühlingszwiebeln garnieren und sofort servieren.

Kichererbsen-Karotten-
Kuchen mit Joghurtsauce

Für 6 Personen · Vorbereitungszeit 20 Min. · Garzeit 10 Min. · Schwierigkeitsgrad ★★ · Kosten €€
Utensilien: Spiralschneider

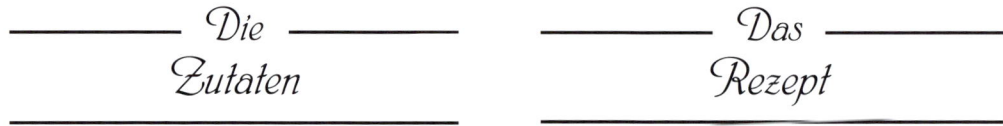

Die Zutaten

Für den Teig

Kichererbsenmehl	150 g
Mandelmilch	230 ml
Olivenöl	2 EL
Karotten	2
Kokosöl (oder ein anderes Fett zum Braten)	1 TL
Salz, frisch gemahlener Pfeffer	

Für die Sauce

Cornichons	8
grüne Chili	1
Petersilie	einige Stängel
Dill	einige Stängel
Bio-Zitrone	½
Naturjoghurt	4 EL
Worcestersauce	½ TL
scharfe Sauce (Typ Tabasco®)	1 Spritzer
Salz, frisch gemahlener Pfeffer	

Zum Servieren

Sprossen
Salatblätter

Das Rezept

1. Für den Teig das Kichererbsenmehl in einer Schüssel mit einer Prise Salz und etwas Pfeffer mischen. Mandelmilch und Olivenöl glatt unterrühren. Die Schüssel abdecken und den Teig quellen lassen.

2. Inzwischen für die Sauce Cornichons und Chili klein würfeln. Die Kräuter fein hacken. Die Zitronenschale fein abreiben. Alles in eine Schale geben und mit Joghurt und den Saucen glatt verrühren. Mit Salz und Pfeffer abschmecken.

3. Die Karotten schälen und in Spiralen schneiden. Sorgfältig unter den Teig mischen. Das Kokosöl in einer Pfanne erhitzen. Den Teig in die Pfanne geben und etwa 5 Minuten backen. Wenn der Rand leicht gebräunt ist, den Kuchen auf einen Teller stürzen, wieder in die Pfanne gleiten lassen und von der anderen Seite weitere 5 Minuten backen.

4. In Portionen teilen und jeweils mit einem Esslöffel Sauce, einigen Sprossen und Salatblättern garniert servieren.

Zucchinispaghetti
mit Muscheln

Für 4 Personen · Vorbereitungszeit 20 Min. · Garzeit 10 Min. · Schwierigkeitsgrad ★ · Kosten €€
Utensilien: Spiralschneider, Topf mit Dämpfeinsatz

Die Zutaten

Das Rezept

Venusmuscheln................................ 1 kg
Petersilie .... 1 kleines Bund
Knoblauch .... 4 Zehen
kleine Zucchini 10
Olivenöl .... 4 EL
Weißwein..................................... 250 ml
Chiliflocken .... 1 EL
Salz, Pfeffer

1. Die Muscheln sorgfältig unter fließend kaltem Wasser abbürsten. Geöffnete Exemplare aussortieren. Die Petersilie hacken (einige Blätter für die Garnierung beiseitelegen). Den Knoblauch abziehen und fein hacken. Die Zucchini in Spiralen schneiden und 5 Minuten dampfgaren. Warm halten.

2. Das Olivenöl in einer großen Pfanne erhitzen. Knoblauch und Petersilie darin kurz andünsten. Salzen und pfeffern. Die Muscheln mit Weißwein und Chiliflocken zufügen und gut mischen. Bei aufgesetztem Deckel 5 Minuten garen. Die Muscheln sind fertig, wenn sie aufgegangen sind. Muscheln, die sich nicht geöffnet haben, aussortieren.

3. Muscheln und Zucchini mischen. Mit Petersilie garnieren und sofort servieren.

Zucchini-
Karotten-Tarte

Für 8 Personen · Vorbereitungszeit 45 Min. · Ruhezeit (Teig) 60 Min.
Garzeit 40 Min. · Schwierigkeitsgrad ★★★ · Kosten €
Utensilien: Spiralschneider (Tagliatelle-Klinge), Handmixer (optional), Quicheform 28 cm Ø, Teigroller,
Frischhaltefolie, Backpapier, getrocknete Hülsenfrüchte

Die Zutaten

Für den Teig

weiche Butter .... 150 g
Weizenmehl .... 250 g
Ei 1
Wasser .... 100 ml
Sesam oder Saatenmischung .... 2 EL
frisch geriebener Parmesan .... 25 g
Pfeffer

Für die Füllung

Karotten 6
Zucchini (gelb und grün) 6
Sahne .... 130 g
Ei 1
Salz, Pfeffer

Das Rezept

1. Für den Teig die Butter cremig rühren (Handmixer oder Löffel). Die restlichen Zutaten zufügen und verkneten, bis ein glatter Teig entstanden ist. Zu einer Kugel formen, in Frischhaltefolie einschlagen und 1 Stunde im Kühlschrank ruhen lassen.

2. Den Backofen auf 210 °C vorheizen. Die Quicheform mit Butter einfetten und mit Mehl bestäuben. Den Teig auf einer leicht bemehlten Arbeitsfläche kreisrund etwa 5 mm dick ausrollen und die Form damit auskleiden. Den Boden mehrmals mit einer Gabel einstechen. Mit einem Bogen Backpapier belegen und mit getrockneten Hülsenfrüchten beschweren. Im vorgeheizten Ofen 10 Minuten backen.

3. Inzwischen die Karotten schälen und ebenso wie die Zucchini mit der Tagliatelle-Klinge (oder einem Sparschäler) in Bänder schneiden. Die Bänder aufeinanderlegen und zu gleich großen Halbkreisen schneiden. Den Teigboden aus dem Ofen nehmen und Backpapier samt Hülsenfrüchten entfernen. 70 g Sahne auf den Teigboden gießen, salzen und pfeffern. Die Gemüsestücke von außen nach innen, abwechselnd Zucchini- und Karottenringe, hineinsetzen. Die restliche Sahne mit dem Ei verquirlen, salzen und pfeffern, über die Füllung gießen und weitere 30 Minuten im heißen Ofen backen.

4. Mit etwas Olivenöl beträufeln und sofort servieren.

Gurkenspiralen mit
Thunfisch & Avocado-Kürbiskern-Pesto

Für 4 Personen · Vorbereitungszeit 10 Min. · Schwierigkeitsgrad ★ · Kosten €€
Utensilien: Spiralschneider (Tagliatelle-Klinge), Standmixer

Die Zutaten

Avocado 1
kleine Zitrone...................................... 1
Basilikum .... 20 g
Kürbiskerne .... 30 g
Olivenöl .... 3 EL
Gurke 1
frischer Thunfisch (Sushiqualität) .. 650 g
Wasser... 2 EL
Salz, Pfeffer

Das Rezept

1. Für das Pesto die Avocado halbieren, entkernen, das Fruchtfleisch aus der Schale lösen und in einen Mixer geben. Den Zitronensaft auspressen und zur Avocado geben. Mit Basilikum und Kürbiskernen glatt pürieren. Das Olivenöl und so viel Wasser einarbeiten, dass eine geschmeidige Creme entsteht. Mit Salz und Pfeffer abschmecken.

2. Die Gurke mit der Tagliatelle-Klinge in Spiralen schneiden. Den Thunfisch klein würfeln.

3. Die Gurkenspiralen mit Thunfischwürfeln und Pesto anrichten. Sofort servieren.

Steinbutt
in Senfsauce mit Pastinakenspiralen

Für 4 Personen · Vorbereitungszeit 40 Min. · Garzeit 40 Min. · Schwierigkeitsgrad ★★★ · Kosten €€€
Utensilien: Spiralschneider (Tagliatelle-Klinge), Alufolie, Topf mit Dämpfeinsatz

Die Zutaten

kleine Schalotten.....................................2
weiche Butter........................100 g
Steinbuttfilets.............4 à 120 g
Weißwein.....................100 ml
Fischfond.....................200 ml
körniger Senf................3 EL
Pastinaken....................1 kg
Cocktailtomaten..........100 g
frisch gehackte
Petersilie...........................2 EL
geröstete Mandelblättchen
Salz, Pfeffer

Das Rezept

1. Den Backofen auf 180 °C vorheizen. Die Schalotten abziehen und fein hacken. Etwas Butter in einer ofenfesten Pfanne zerlassen und die Schalotten hineingeben. Die Fischfilets daraufsetzen. Wein und Fischfond angießen.

2. Ein Stück Alufolie mit Butter einfetten und die Pfanne damit abdecken. Die Flüssigkeit in der Pfanne zum Kochen bringen, dann in den vorgeheizten Ofen stellen und 10 Minuten weitergaren. Die Fischfilets herausnehmen und warm halten.

3. Die Brühe-Weißwein-Mischung auf dem Herd etwas einkochen, nach und nach die Butter, dann den Senf unterrühren.

4. Die Pastinaken schälen, mit der Tagliatelle-Klinge in Spiralen schneiden und 10 Minuten dampfgaren.

5. Die Pastinaken auf vier Teller verteilen. Die Fischfilets darauf anrichten. Mit der Sauce überziehen. Mit halbierten Cocktailtomaten, Petersilie und Mandelblättchen garnieren. Sofort servieren.

Putenburger
auf marokkanische Art mit Avocado-Aioli

Für 4 große oder 6 kleine Frikadellen · Vorbereitungszeit 20 Min. · Ruhezeit 15 Min. · Garzeit 10 Min.
Schwierigkeitsgrad ★★★ · Kosten €€
Utensilien: Spiralschneider

Die Zutaten

Für die Frikadellen

große Zucchini 1
Putenhackfleisch .... 500 g
Frühlingszwiebeln 4
Knoblauch .... 1 Zehe
frisch gehackte Minze .... 2 EL
frisch gehackte Petersilie .... 2 EL
scharfe Chilisauce oder Tabasco ...... 1 EL
gemahlener Kreuzkümmel .... 1 TL
Ei, verquirlt 1
Salz, Pfeffer
Olivenöl zum Braten

Für die Aioli

Avocado 1
Naturjoghurt .... 2 EL
Knoblauch .... 2 Zehen
Limette 1
scharfe Chilisauce oder Tabasco ...... 1 EL
geriebener Meerrettich .... 1 EL

Zum Servieren

Burgerbrötchen ...... 4 große oder 6 kleine
Sprossen

Das Rezept

1. Die Zucchini in Spiralen schneiden. In eine Schüssel geben und mit den restlichen, klein geschnittenen Frikadellenzutaten sorgfältig vermengen. Salzen und pfeffern. Die Masse zu 4 kleinen oder 6 großen Frikadellen formen und etwa 15 Minuten im Kühlschrank ruhen lassen.

2. Öl in einer Pfanne erhitzen und die Frikadellen darin 5 Minuten von jeder Seite gar braten.

3. Für die Sauce die Avocado halbieren und entkernen. Das Fruchtfleisch aus der Schale lösen und zerdrücken. Den Knoblauch abziehen und zerdrücken. Avocado und Knoblauch mit Joghurt, Limettensaft, Chilisauce und Meerrettich verrühren und mit Salz und Pfeffer abschmecken.

4. Die Frikadellen in die Brötchen setzen und mit Sprossen garnieren. Mit der Sauce servieren.

Hinweis

Zu diesen Frikadellen passen Pommes frites oder frittierte Süßkartoffelspiralen.

Karottenspiralen
mit Kürbis-Pancetta-Sauce

Für 4 Personen · Vorbereitungszeit 20 Min. · Garzeit 75 Min. · Schwierigkeitsgrad ★★ · Kosten €€
Utensilien: Spiralschneider, Topf mit Dämpfeinsatz

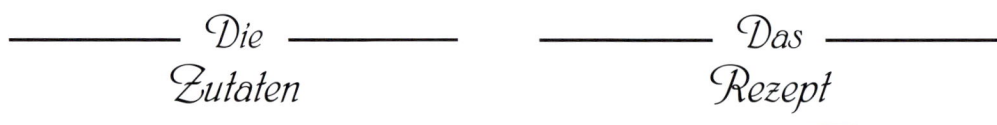

Die Zutaten

Hokkaidokürbis........................ ca. 350 g
Olivenöl .... 2 EL
große Karotten 6
Knoblauch ....2 Zehen
Schalotte... 1
frischer Salbei ....5 Blätter
durchwachsener
Speck, z. B. Pancetta ....250 g
Chiliflocken ....1 TL
Sahne..300 g
frisch geriebene Muskatnuss .... 1 Prise
Salz, Pfeffer

Das Rezept

1. Den Backofen auf 180 °C Umluft oder 200 °C Ober- und Unterhitze vorheizen. Den Kürbis klein schneiden, auf ein Backblech geben, mit Öl beträufeln, salzen und pfeffern und 55 Minuten backen. Den weichen Kürbis pürieren.

2. Die Karotten schälen, in Spiralen schneiden und 8 Minuten dampfgaren.

3. Knoblauch und Schalotte abziehen und fein würfeln. Den Salbei fein hacken. Den Speck in Streifen schneiden und ohne Fettzugabe in einer Pfanne 5–7 Minuten auslassen, bis er knusprig ist. Mit einem Schaumlöffel auf einen Teller heben.

4. Salbei, Schalotte und Knoblauch mit den Chiliflocken in die Pfanne geben und etwa 30 Sekunden unter Rühren andünsten, dabei darauf achten, dass der Knoblauch nicht braun wird; falls die Pfanne zu heiß ist, vom Herd nehmen und kurz abkühlen lassen. Das Kürbispüree zufügen und bei niedriger Hitze 2–3 Minuten garen. Sahne und Muskatnuss unterrühren. Mit Salz und Pfeffer abschmecken und weitere 5 Minuten sanft erhitzen.

5. Die Karottenspiralen mit der Kürbissauce überziehen und sofort servieren.

Koreanisches Gemüse-Rindfleisch-Gericht

Für 4 Personen · Vorbereitungszeit 35 Min. · Marinierzeit 15 Min. · Garzeit 20 Min.
Schwierigkeitsgrad ★★★ · Kosten €€€ · Utensilien: Spiralschneider

Die Zutaten

Für die Gemüsespiralen

Karotten	4
Gurke	1
Reisessig	80 ml
Zucker	1 EL
Salz	1 große Prise

Für den Reis

Sushireis	350 g
Salz	1 TL

Für den Spinat

junger Spinat	350 g
Sesamöl	2 TL
Sesamsaat	2 TL
Salz	

Für das Rindfleisch

Rindfleisch zum Kurzbraten	350 g
Sojasauce	60 ml
Wasser	60 ml
Ahornsirup	2 EL
Sesamöl	2 EL
scharfe Chilisauce, z. B. Sriracha-Sauce oder Tabasco	1 TL
Knoblauch	1 Zehe

Für die Garnierung

Eier	4

Das Rezept

1. Die Karotten schälen und in Spiralen schneiden. Die Gurke ebenfalls in Spiralen schneiden. Den Reisessig mit Zucker und Salz in einer Schüssel verrühren und die Gemüsespiralen darin 15 Minuten ziehen lassen. Abgießen und abtropfen lassen.

2. Den Reis abspülen. Mit 500 ml kaltem Wasser und dem Salz in einem Topf zum Kochen bringen. Dann die Hitze reduzieren. Den Topf mit einem sauberen Trockentuch bedecken und den Deckel fest aufsetzen. 15–18 Minuten ziehen lassen.

3. Den Spinat in kochendem Wasser blanchieren. In Eiswasser abschrecken, dann abtropfen lassen. Mit Sesamöl und Sesam vermengen. Salzen.

4. Das Rindfleisch in Streifen schneiden. Die restlichen Fleischzutaten in einer Schüssel verrühren. Das Fleisch darin einige Minuten marinieren, dann abtropfen lassen. Die Marinade beiseitestellen. Eine große Pfanne erhitzen und die Fleischstreifen in drei Portionen darin von allen Seiten anbräunen. Auf einen Teller heben. Die Marinade in die Pfanne geben und zum Kochen bringen. Das Fleisch wieder in die Pfanne geben, 3 Minuten erhitzen und vom Herd nehmen.

5. Etwas Öl in einer zweiten Pfanne erhitzen und die Eier darin zu Spiegeleiern braten.

6. Den Reis in Schalen geben. Fleischstreifen, Karotten und Gurken darauf anrichten. Die Spiegeleier daraufsetzen und mit Sesam garnieren. Mit Chilisauce servieren.

Pad Thai
aus rohem Gemüse

Für 4 Personen · Vorbereitungszeit 15 Min. · Schwierigkeitsgrad ★ · Kosten €€
Utensilien: Spiralschneider

Die Zutaten

kleine Rettiche (Daikon-Rettiche).........3
Karotten (orange und/oder rot)...........4
Radieschen..10
Rotkohl..1
Frühlingszwiebeln 4
Minze, Basilikum
und/oder Koriander........... einige Blätter
Bohnensprossen ....200 g
Sesamsaat .... 2 EL
Tofu ....400 g

Für die Sauce

Limetten 3
Erdnussbutter ....60 g
Sojasauce.................................... 2 EL
Honig.. 2 EL
frisch geriebener Ingwer...................2 TL
Chiliflocken ....1 TL
Wasser... 3 EL

Das Rezept

1. Rettiche und Karotten schälen und in Spiralen schneiden. Die Radieschen in feine Scheiben schneiden. Den Kohl fein hobeln. Frühlingszwiebeln und Kräuter fein hacken. Alle Zutaten in einer großen Schüssel mit Sprossen und Sesam vermengen.

2. Den Tofu mit Küchenpapier trocken tupfen. In mundgerechte Stücke schneiden und unter den Salat heben.

3. Die Limetten auspressen und mit den restlichen Zutaten für die Sauce glatt und cremig rühren. Erst unmittelbar vor dem Servieren über den Salat gießen.

Butternusskürbis
mit Wildreis

Für 4 Personen · Vorbereitungszeit 20 Min. · Garzeit etwa 60 Min. · Schwierigkeitsgrad ★ · Kosten €€
Utensilien: Spiralschneider, Mixer, Backblech, Backpapier

Die Zutaten

schwarzer Reis .... 200 g
Wildreis .... 200 g
Butternusskürbis (unterer Teil,
entkernt und geschält) .... ½
Olivenöl .... 120 ml
Frühlingszwiebeln 4
Granatapfel 1
Pistazienkerne .... 50 g
Rotweinessig .... 60 ml
Honig.. 2 EL
Salz, Pfeffer

Das Rezept

1. Beide Reissorten in einem großen Topf Salzwasser 35–40 Minuten gar kochen. Das Wasser abgießen und den Reis sehr sorgfältig abtropfen lassen. Zum Ausdampfen und Erkalten auf einem Backblech oder einem großen Teller verteilen.

2. Inzwischen den Backofen auf 230 °C vorheizen. Den Kürbis in Spiralen schneiden. Die Kürbisspiralen auf einem mit Backpapier belegten Backblech verteilen und mit 60 ml Olivenöl beträufeln. Salzen und pfeffern und 20 Minuten im vorgeheizten Ofen garen. Dann erkalten lassen.

3. Die Frühlingszwiebeln schräg hacken. Die Kerne aus dem Granatapfel herauslösen. Die Pistazien grob hacken.

4. Rotweinessig und Honig mit dem restlichen Olivenöl in einer großen Schüssel verrühren. Reis, Kürbisspiralen, Frühlingszwiebeln, Granatapfelkerne und Pistazien zugeben und alles sorgfältig vermengen. Mit Salz und Pfeffer abschmecken.

Zucchetti
mit Basilikum-Walnuss-Pesto

Für 4 Personen · Vorbereitungszeit 15 Min. · Garzeit 10 Min. · Schwierigkeitsgrad ★ · Kosten €
Utensilien: Spiralschneider, Mixer, Topf mit Dämpfeinsatz

Die Zutaten

kleine Zucchini 8
Basilikum ....40 g
Walnusskerne ....100 g
Knoblauch ....3 Zehen
Olivenöl ....100 ml
frisch geriebener Parmesan ....50 g

Das Rezept

1. Die Zucchini in Spiralen schneiden und etwa 10 Minuten dampfgaren.

2. Für das Pesto Basilikum, 80 g Walnüsse und Knoblauchzehen mit Salz und Pfeffer mixen. Dann Olivenöl und Parmesan einarbeiten, bis eine cremige Sauce entstanden ist.

3. Die Zucchetti mit dem Pesto vermengen und mit den restlichen, grob gehackten Walnusskernen garnieren. Sofort servieren.

Tipp

Wenn Sie nicht alles Pesto unter die Zucchetti mischen wollen, dann können Sie geröstetes Baguette mit halbierten Knoblauchzehen einreiben und das restliche Pesto darauf verstreichen und zu den Zucchetti reichen.

Milchreis
mit Birne und Lavendel

Für 4 Personen · Vorbereitungszeit 10 Min. · Garzeit 25 Min. · Schwierigkeitsgrad ★★★ · Kosten €
Utensilien: Spiralschneider

Die Zutaten

Vanilleschote 1
Milch .... 1 l
Zucker .... 50 g
Milchreis .... 130 g
Lavendelblüten .... 1 TL
Birne 1
geröstete Haselnusskerne............. einige

Das Rezept

1. Die Vanilleschote längs aufschlitzen und das Mark herauskratzen. Beides mit Milch und Zucker in einen großen Topf geben und zum Kochen bringen. Beim ersten Aufwallen Lavendel und Reis unterrühren. Bei niedriger Hitze 25 Minuten quellen lassen. Dabei regelmäßig rühren.

2. Wenn der Reis gar ist, die Vanilleschote entfernen. Die Birne in Spiralen schneiden.

3. Den Milchreis in Förmchen füllen. Die Birnenspiralen darauf anrichten. Mit einigen grob gehackten Haselnusskernen garnieren.

Konfekt
aus Kochbananen und Kakao

Ergibt 10 Stück · Vorbereitungszeit 15 Min. · Garzeit 3 Min. · Kühlzeit 20 Min.
Schwierigkeitsgrad ★ · Kosten €€ · Utensilien: Spiralschneider, Mixer

Die Zutaten

feste Kochbananen 2
Kokosöl (oder anderes Öl) .... 1 EL
Datteln 8
Kakaosplitter (Kakaonibs) .... 2 EL
Kakaopulver.................................... 2 EL
Kokosraspel .... 2½ EL

Das Rezept

1. Die Enden der Kochbananen abtrennen, sodass gerade Stücke entstehen. Die Schalen einschneiden und ablösen. Die Bananen in Spiralen schneiden.

2. Das Kokosöl in einer kleinen Pfanne erhitzen und die Bananespiralen darin etwa 3 Minuten anbräunen. Vom Herd nehmen.

3. Die Datteln gegebenenfalls entsteinen und glatt pürieren. Wenn die Masse zu fest ist bzw. nicht glatt wird, teelöffelweise Wasser einarbeiten.

4. Bananenspiralen, Kakaosplitter und -pulver sowie 2 EL Kokosraspel zufügen und weitermixen, bis die Masse glatt und klebrig ist.

5. Die Masse in eine Schüssel füllen und daraus zwischen den Handflächen etwa 12 kleine Kugeln formen. Nach Belieben in den restlichen Kokosraspeln wenden. Auf einen Teller setzen und vor dem Servieren 20 Minuten im Kühlschrank fest werden lassen.

Süßkartoffelwaffeln
mit Heidelbeeren

Für 4 Personen · Vorbereitungszeit 10 Min. · Garzeit 5 Min. pro Waffel · Schwierigkeitsgrad ★ · Kosten €€
Utensilien: Spiralschneider, Waffeleisen

Die Zutaten

Süßkartoffeln 2
Zimtpulver .... 1 TL
Eier 2
Vanillearoma .... 1 TL
Heidelbeeren .... 150 g
Himbeeren .... 150 g
Mandelstifte .... einige
Ahornsirup .... 1 EL pro Waffel
Pflanzenöl oder Butter zum Backen

Das Rezept

1. Das Waffeleisen vorheizcn. Dic Süßkartoffeln schälen und in Spiralen schneiden.

2. Die Süßkartoffelspiralen in einer Schüssel mit dem Zimt mischen. Etwas Öl oder Butter in einer Pfanne erhitzen und die Süßkartoffeln darin etwa 6 Minuten bei aufgesetztem Deckel weich dünsten. Gegebenenfalls 1 Esslöffel Wasser zufügen.

3. Die Eier mit dem Vanillearoma in einer Schüssel verquirlen. Süßkartoffeln und Heidelbeeren unterheben.

4. Das Waffeleisen einfetten. Ein Viertel des Teiges hineingeben und etwa 5 Minuten knusprig backen. Mit dem restlichen Teig ebenso verfahren.

5. Die Waffeln mit Ahornsirup beträufeln und jeweils mit einigen Himbeeren und Mandelstiften garnieren. Sofort servieren.

Tipp

Da diese Waffeln selbst nicht gezuckert sind, sollten sie mit Ahornsirup oder Agavendicksaft serviert werden.

Schoko-Zucchini-Muffins

Ergibt 12 Stück · Vorbereitungszeit 10 Min. · Garzeit 20–25 Min. · Schwierigkeitsgrad ★ · Kosten €€
Utensilien: Spiralschneider, Muffinform

Die Zutaten

kleine Zucchini 2
Buchweizenmehl........................... 100 g
Kokosmehl.................................... 60 g
Kakaopulver.................................. 40 g
Backpulver .... 1 TL
Salz .... 1 Prise
Honig.. 110 g
Kokosöl .... 110 g
Vanillearoma .... 2 TL
Sahne.. 180 g
Eier... 2
Schokoladentröpfchen.................. 110 g
gepuffter Buchweizen .... einige
Öl zum Einfetten

Das Rezept

1. Den Backofen auf 180 °C vorheizen. Die Zucchini in Spiralen schneiden, auf Küchenpapier ausbreiten und etwa 10 Minuten trocknen lassen.

2. Inzwischen die Vertiefungen der Muffinform dünn einfetten. Buchweizenmehl, Kokosmehl, Kakaopulver, Backpulver und Salz in einer großen Schüssel vermengen.

3. In einer zweiten Schüssel Honig, Kokosöl, Vanillearoma, Sahne und Eier glatt rühren. Die Zucchinispiralen untermischen. Alles zu den Trockenzutaten gießen und rasch zu einem glatten Teig verrühren. Die Schokoladentröpfchen unterheben.

4. Den Teig in die vorbereitete Form füllen und im vorgeheizten Ofen 20–25 Minuten backen. Zur Probe einen Holzspieß in die Teigmitte stechen; er sollte ohne Teigreste herauskommen.

5. Die Muffins mit etwas gepufftem Buchweizen bestreuen und sofort servieren.

Maronencremetöpfchen

Für 4 Personen · Vorbereitungszeit 5 Min. · Schwierigkeitsgrad: ★ · Kosten €
Utensilien: Spiralschneider

Die Zutaten

Ricotta..230 g
griechischer Joghurt .... 3 EL
Honig... 2 EL
Vanillearoma ....1 TL
großer Apfel.. 1
Maronencreme .... 4 EL
Baiser....................................etwa 60 g

Das Rezept

1. Ricotta, Joghurt, Honig und Vanillearoma glatt rühren. Den Apfel in Spiralen schneiden.

2. Je 1 Esslöffel Maronencreme auf dem Boden der Förmchen verstreichen. Die Ricottacreme darauf verteilen. Die Apfelspiralen darauf anrichten.

3. Baisers zerkrümeln und die Desserts damit garnieren.

Schoko-
Süßkartoffel-Kuchen

Ergibt 6 Stück · Vorbereitungszeit 10 Min. · Backzeit 25 Min. · Ruhezeit 5 Min. · Schwierigkeitsgrad ★
Kosten € · Utensilien: Spiralschneider, Muffinform

Die Zutaten

Süßkartoffel 1
Zimtpulver ....1 TL
Backpulver ....1 TL
Kokosraspel................................... 2 EL
Salz .... 1 Prise
Ei.. 1
Eiweiß 1
Honig.. 2 EL
Vanillearoma ....1 TL
Schokoladentröpfchen....................70 g
Kokosöl oder anderes Fett zum Einfetten

Tipp

Diese kleinen Kuchen werden ohne Mehl zubereitet und sind
herrlich weich. Damit die Unterseite nicht feucht wird, lassen
Sie die Törtchen 30 Minuten auf einem Rost auskühlen.

Das Rezept

1. Den Backofen auf 190 °C vorheizen. Sechs Vertiefungen der Muffinform einfetten. Die Süßkartoffel schälen und in Spiralen schneiden.

2. Süßkartoffel, Zimt, Backpulver, Kokosraspel und Salz in einer Schüssel mischen. Ei und Eiweiß, Honig, Vanillearoma und Schokoladentröpfchen zufügen und alles sorgfältig verrühren.

3. Den Teig in die vorbereitete Form füllen und im vorgeheizten Ofen 20–25 Minuten backen. Zur Backprobe einen Holzspieß in die Teigmitte stechen; er sollte ohne Teigreste wieder herauskommen. Die Törtchen 5 Minuten ruhen lassen, dann aus der Form lösen und 30 Minuten auf einem Kuchengitter auskühlen lassen.

Holunder-Birnen-Eis
am Stiel

Ergibt 6 Stück · Vorbereitungszeit 5 Min. · Gefrierzeit 60 Min. + über Nacht
Schwierigkeitsgrad ★ · Kosten € · Utensilien: Spiralschneider, 6 Förmchen für Eis am Stiel

Die Zutaten

Birne 1
Wasser..500 ml
Holundersirup............................100 ml

Das Rezept

1. Die Birne in Spiralen schneiden. Wasser und Holundersirup in einer Schüssel mischen. Die Birnenspiralen zufügen.

2. Die Mischung in die Förmchen füllen und 1 Stunde tiefkühlen. Die Stiele hineinstecken und das Eis über Nacht fest werden lassen.

Mengen und Entsprechungen

Zutaten abwiegen ohne Waage

Zutaten	1 Teelöffel	1 Esslöffel	1 Glas à 200 ml
Butter	7 g	20 g	–
Kakaopulver	5 g	10 g	90 g
Crème fraîche	15 ml	40 ml	200 ml
Sahne	7 ml	20 ml	200 ml
Mehl	3 g	10 g	100 g
geriebener Hartkäse	4 g	12 g	65 g
diverse Flüssigkeiten			
(Wasser, Öl, Essig, Alkoholika)	7 ml	20 ml	200 ml
Speisestärke	3 g	10 g	100 g
gemahlene Mandeln	6 g	15 g	75 g
Rosinen	8 g	30 g	110 g
Reis	7 g	20 g	150 g
Salz	5 g	15 g	–
Grieß, Couscous	5 g	15 g	150 g
Zucker	5 g	15 g	150 g
Puderzucker	3 g	10 g	110 g

Flüssigkeiten abmessen

1 Likörglas = 30 ml
1 kleine Tasse = 80 bis 100 ml
1 Glas = 200 ml
1 Becher = 300 ml
1 Schale = 350 ml

Gut zu wissen

1 Ei = 50 g
1 Flocke Butter = 5 g
1 walnussgroßes Stück Butter = 15-20 g

Die richtige Ofentemperatur

Temperatur (°C)	Thermostat
30	1
60	2
90	3
120	4
150	5
180	6
210	7
240	8
270	9

Vom Powerdrink zur Energie-Mahlzeit

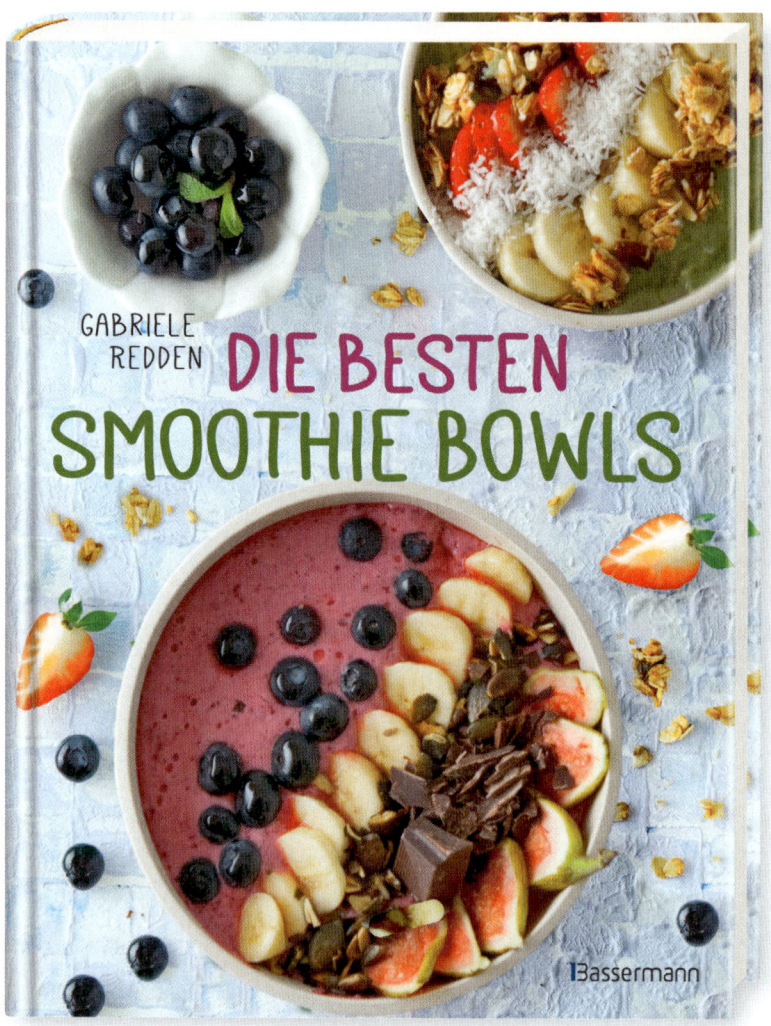

80 Seiten, durchgehend bebildert
ISBN 978-3-8094-3652-2

Smoothies zum Löffeln, angereichert mit Nüssen, Getreide, Beeren und anderen Superfoods, sind das Beste, was man sich zum Frühstück gönnen kann. Sie schmecken himmlisch, stecken voller gesunder Inhaltsstoffe und versorgen den Körper mit allem, was er braucht.

Besuchen Sie uns
auch auf

www.bassermann-verlag.de

So einfach und unglaublich lecker!

Jean-Luc Sady **Leckere Partybrote**

einfach füllen & überbacken

Bassermann

80 Seiten, durchgehend farbig bebildert
ISBN 978-3-8094-3674-4

Diese Brote haben viele Namen: Zupfbrot, Igelbrot, Fächerbrot. Wie auch immer sie genannt werden, für alle gilt: Wer sie einmal probiert, bleibt dabei – denn so saftig, aromatisch und knusprig möchte man es immer haben! Dabei ist es so einfach: Brot kaufen, einschneiden, mit leckeren Zutaten füllen und überbacken. Fertig ist das Highlight jeder geselligen Tischrunde.

Besuchen Sie uns auch auf

www.bassermann-verlag.de

Das 3-Wochen-Begleitbuch

96 Seiten, durchgehend vierfarbig
ISBN 978-3-8094-3665-2

Dieses Buch begleitet Sie beim Einstieg in die Low-Carb-Ernährung mit Rezepten für den ganzen Tag. So können Sie sich ganz auf Ihr Ziel konzentrieren. Dabei steht das Abnehmen im Vordergrund, aber Sie werden sich auch fitter und energiereicher fühlen.

Besuchen Sie uns auch auf

www.bassermann-verlag.de

ISBN 978-3-8094-3689-8
1. Auflage

Das Buch entstand in Zusammenarbeit mit der Firma GEFU (www.gefu.com).

Umschlaggestaltung: Atelier Versen, Bad Aibling
Fotos und Foodstyling: Zoé Armbruster
Herstellung: Elke Cramer
Projektleitung: Anja Halveland

Realisation der deutschen Ausgabe: trans texas publishing services GmbH, Köln
Übersetzung: Lisa Heilig, Köln

Druck und Bindung: Mohn Media Mohndruck GmbH, Gütersloh

Printed in Germany

MIX
Papier aus verantwor-
tungsvollen Quellen
FSC® C011124

Verlagsgruppe Random House FSC® N001967